# AGENDA

# 2021/2022

Nom

Prénom

Téléphone

Email

Adresse

**Si vous trouvez mon agenda, veuillez, s-v-p, me contacter.**

**Par avance MERCI**

Mes 5
Objectifs
Pour 2022
1
2
3
4
5

# Espace Notes

# 2021

## Janvier

| Lu | Ma | Me | Je | Ve | Sa | Di |
|---|---|---|---|---|---|---|
| | | | | 1 | 2 | 3 |
| 4 | 5 | 6 | 7 | 8 | 9 | 10 |
| 11 | 12 | 13 | 14 | 15 | 16 | 17 |
| 18 | 19 | 20 | 21 | 22 | 23 | 24 |
| 25 | 26 | 27 | 28 | 29 | 30 | 31 |

## Février

| Lu | Ma | Me | Je | Ve | Sa | Di |
|---|---|---|---|---|---|---|
| 1 | 2 | 3 | 4 | 5 | 6 | 7 |
| 8 | 9 | 10 | 11 | 12 | 13 | 14 |
| 15 | 16 | 17 | 18 | 19 | 20 | 21 |
| 22 | 23 | 24 | 25 | 26 | 27 | 28 |

## Mars

| Lu | Ma | Me | Je | Ve | Sa | Di |
|---|---|---|---|---|---|---|
| 1 | 2 | 3 | 4 | 5 | 6 | 7 |
| 8 | 9 | 10 | 11 | 12 | 13 | 14 |
| 15 | 16 | 17 | 18 | 19 | 20 | 21 |
| 22 | 23 | 24 | 25 | 26 | 27 | 28 |
| 29 | 30 | 31 | | | | |

## Avril

| Lu | Ma | Me | Je | Ve | Sa | Di |
|---|---|---|---|---|---|---|
| | | | 1 | 2 | 3 | 4 |
| 5 | 6 | 7 | 8 | 9 | 10 | 11 |
| 12 | 13 | 14 | 15 | 16 | 17 | 18 |
| 19 | 20 | 21 | 22 | 23 | 24 | 25 |
| 26 | 27 | 28 | 29 | 30 | | |

## Mai

| Lu | Ma | Me | Je | Ve | Sa | Di |
|---|---|---|---|---|---|---|
| | | | | | 1 | 2 |
| 3 | 4 | 5 | 6 | 7 | 8 | 9 |
| 10 | 11 | 12 | 13 | 14 | 15 | 16 |
| 17 | 18 | 19 | 20 | 21 | 22 | 23 |
| 24 | 25 | 26 | 27 | 28 | 29 | 30 |
| 31 | | | | | | |

## Juin

| Lu | Ma | Me | Je | Ve | Sa | Di |
|---|---|---|---|---|---|---|
| | 1 | 2 | 3 | 4 | 5 | 6 |
| 7 | 8 | 9 | 10 | 11 | 12 | 13 |
| 14 | 15 | 16 | 17 | 18 | 19 | 20 |
| 21 | 22 | 23 | 24 | 25 | 26 | 27 |
| 28 | 29 | 30 | | | | |

## Juillet

| Lu | Ma | Me | Je | Ve | Sa | Di |
|---|---|---|---|---|---|---|
| | | | 1 | 2 | 3 | 4 |
| 5 | 6 | 7 | 8 | 9 | 10 | 11 |
| 12 | 13 | 14 | 15 | 16 | 17 | 18 |
| 19 | 20 | 21 | 22 | 23 | 24 | 25 |
| 26 | 27 | 28 | 29 | 30 | 31 | |

## Août

| Lu | Ma | Me | Je | Ve | Sa | Di |
|---|---|---|---|---|---|---|
| | | | | | | 1 |
| 2 | 3 | 4 | 5 | 6 | 7 | 8 |
| 9 | 10 | 11 | 12 | 13 | 14 | 15 |
| 16 | 17 | 18 | 19 | 20 | 21 | 22 |
| 23 | 24 | 25 | 26 | 27 | 28 | 29 |
| 30 | 31 | | | | | |

## Septembre

| Lu | Ma | Me | Je | Ve | Sa | Di |
|---|---|---|---|---|---|---|
| | | 1 | 2 | 3 | 4 | 5 |
| 6 | 7 | 8 | 9 | 10 | 11 | 12 |
| 13 | 14 | 15 | 16 | 17 | 18 | 19 |
| 20 | 21 | 22 | 23 | 24 | 25 | 26 |
| 27 | 28 | 29 | 30 | | | |

## Octobre

| Lu | Ma | Me | Je | Ve | Sa | Di |
|---|---|---|---|---|---|---|
| | | | | 1 | 2 | 3 |
| 4 | 5 | 6 | 7 | 8 | 9 | 10 |
| 11 | 12 | 13 | 14 | 15 | 16 | 17 |
| 18 | 19 | 20 | 21 | 22 | 23 | 24 |
| 25 | 26 | 27 | 28 | 29 | 30 | 31 |

## Novembre

| Lu | Ma | Me | Je | Ve | Sa | Di |
|---|---|---|---|---|---|---|
| 1 | 2 | 3 | 4 | 5 | 6 | 7 |
| 8 | 9 | 10 | 11 | 12 | 13 | 14 |
| 15 | 16 | 17 | 18 | 19 | 20 | 21 |
| 22 | 23 | 24 | 25 | 26 | 27 | 28 |
| 29 | 30 | | | | | |

## Décembre

| Lu | Ma | Me | Je | Ve | Sa | Di |
|---|---|---|---|---|---|---|
| | | 1 | 2 | 3 | 4 | 5 |
| 6 | 7 | 8 | 9 | 10 | 11 | 12 |
| 13 | 14 | 15 | 16 | 17 | 18 | 19 |
| 20 | 21 | 22 | 23 | 24 | 25 | 26 |
| 27 | 28 | 29 | 30 | 31 | | |

# Août 2021

| Lu | Ma | Me | Je | Ve | Sa | Di |
|---|---|---|---|---|---|---|
| | | | | | | 1 |
| 2 | 3 | 4 | 5 | 6 | 7 | 8 |
| 9 | 10 | 11 | 12 | 13 | 14 | 15 |
| 16 | 17 | 18 | 19 | 20 | 21 | 22 |
| 23 | 24 | 25 | 26 | 27 | 28 | 29 |
| 30 | 31 | Notes : | | | | |

# Août

| Lundi 2 | Mardi 3 | Mercredi 4 | Jeudi 5 |
|---|---|---|---|
| | | | |

# 2021

| Vendredi 6 | Samedi 7 | Dimanche 8 |
| --- | --- | --- |
| | | |

To-Do-list :

- [ ] ____________
- [ ] ____________
- [ ] ____________
- [ ] ____________
- [ ] ____________
- [ ] ____________
- [ ] ____________
- [ ] ____________
- [ ] ____________
- [ ] ____________
- [ ] ____________
- [ ] ____________

Notes :

Août

| Lu | Ma | Me | Je | Ve | Sa | Di |
| --- | --- | --- | --- | --- | --- | --- |
| | | | | | | 1 |
| 2 | 3 | 4 | 5 | 6 | 7 | 8 |
| 9 | 10 | 11 | 12 | 13 | 14 | 15 |
| 16 | 17 | 18 | 19 | 20 | 21 | 22 |
| 23 | 24 | 25 | 26 | 27 | 28 | 29 |
| 30 | 31 | | | | | |

# Août

| Lundi 9 | Mardi 10 | Mercredi 11 | Jeudi 12 |
|---|---|---|---|
| | | | |

# 2021

| Vendredi 13 | Samedi 14 | Dimanche 15 |
| --- | --- | --- |
| | | |

To-Do-list :

- [ ] ____________
- [ ] ____________
- [ ] ____________
- [ ] ____________
- [ ] ____________
- [ ] ____________
- [ ] ____________
- [ ] ____________
- [ ] ____________
- [ ] ____________
- [ ] ____________
- [ ] ____________

Notes :

____________

____________

____________

____________

____________

____________

____________

____________

Août

| Lu | Ma | Me | Je | Ve | Sa | Di |
| --- | --- | --- | --- | --- | --- | --- |
| | | | | | | 1 |
| 2 | 3 | 4 | 5 | 6 | 7 | 8 |
| 9 | 10 | 11 | 12 | 13 | 14 | 15 |
| 16 | 17 | 18 | 19 | 20 | 21 | 22 |
| 23 | 24 | 25 | 26 | 27 | 28 | 29 |
| 30 | 31 | | | | | |

# Août

| Lundi 16 | Mardi 17 | Mercredi 18 | Jeudi 19 |
| --- | --- | --- | --- |
| | | | |

# 2021

| Vendredi 20 | Samedi 21 | Dimanche 22 |
| --- | --- | --- |
| | | |

To-Do-list :

- [ ] ____________
- [ ] ____________
- [ ] ____________
- [ ] ____________
- [ ] ____________
- [ ] ____________
- [ ] ____________
- [ ] ____________
- [ ] ____________
- [ ] ____________
- [ ] ____________
- [ ] ____________

Notes :

____________

____________

____________

____________

____________

____________

____________

____________

Août

| Lu | Ma | Me | Je | Ve | Sa | Di |
| --- | --- | --- | --- | --- | --- | --- |
| | | | | | | 1 |
| 2 | 3 | 4 | 5 | 6 | 7 | 8 |
| 9 | 10 | 11 | 12 | 13 | 14 | 15 |
| 16 | 17 | 18 | 19 | 20 | 21 | 22 |
| 23 | 24 | 25 | 26 | 27 | 28 | 29 |
| 30 | 31 | | | | | |

# Août

| Lundi 23 | Mardi 24 | Mercredi 25 | Jeudi 26 |
| --- | --- | --- | --- |
| | | | |

# 2021

| Vendredi 27 | Samedi 28 | Dimanche 29 |
|---|---|---|
| | | |

To-Do-list :

- [ ] ____________
- [ ] ____________
- [ ] ____________
- [ ] ____________
- [ ] ____________
- [ ] ____________
- [ ] ____________
- [ ] ____________
- [ ] ____________
- [ ] ____________
- [ ] ____________
- [ ] ____________

Notes :

Août

| Lu | Ma | Me | Je | Ve | Sa | Di |
|---|---|---|---|---|---|---|
| | | | | | | 1 |
| 2 | 3 | 4 | 5 | 6 | 7 | 8 |
| 9 | 10 | 11 | 12 | 13 | 14 | 15 |
| 16 | 17 | 18 | 19 | 20 | 21 | 22 |
| 23 | 24 | 25 | 26 | 27 | 28 | 29 |
| 30 | 31 | | | | | |

# Septembre 2021

| Lu | Ma | Me | Je | Ve | Sa | Di |
|---|---|---|---|---|---|---|
| | | 1 | 2 | 3 | 4 | 5 |
| 6 | 7 | 8 | 9 | 10 | 11 | 12 |
| 13 | 14 | 15 | 16 | 17 | 18 | 19 |
| 20 | 21 | 22 | 23 | 24 | 25 | 26 |
| 27 | 28 | 29 | 30 | | | |
| | | Notes : | | | | |

# Espace Notes

# Septembre

| Lundi 30 | Mardi 31 | Mercredi 1 | Jeudi 2 |
| --- | --- | --- | --- |
| | | | |

# 2021

| Vendredi 3 | Samedi 4 | Dimanche 5 |
|---|---|---|
| | | |

To-Do-list :

- [ ] ____
- [ ] ____
- [ ] ____
- [ ] ____
- [ ] ____
- [ ] ____
- [ ] ____
- [ ] ____
- [ ] ____
- [ ] ____
- [ ] ____
- [ ] ____

Notes :

Septembre

| Lu | Ma | Me | Je | Ve | Sa | Di |
|---|---|---|---|---|---|---|
| | | 1 | 2 | 3 | 4 | 5 |
| 6 | 7 | 8 | 9 | 10 | 11 | 12 |
| 13 | 14 | 15 | 16 | 17 | 18 | 19 |
| 20 | 21 | 22 | 23 | 24 | 25 | 26 |
| 27 | 28 | 29 | 30 | | | |

# Septembre

| Lundi 6 | Mardi 7 | Mercredi 8 | Jeudi 9 |
|---|---|---|---|
| | | | |

# 2021

| Vendredi 10 | Samedi 11 | Dimanche 12 |
|---|---|---|
| | | |

To-Do-list :

- [ ] ______________
- [ ] ______________
- [ ] ______________
- [ ] ______________
- [ ] ______________
- [ ] ______________
- [ ] ______________
- [ ] ______________
- [ ] ______________
- [ ] ______________
- [ ] ______________
- [ ] ______________

Notes :

______________

______________

______________

______________

______________

______________

______________

______________

Septembre

| Lu | Ma | Me | Je | Ve | Sa | Di |
|---|---|---|---|---|---|---|
| | | 1 | 2 | 3 | 4 | 5 |
| 6 | 7 | 8 | 9 | 10 | 11 | 12 |
| 13 | 14 | 15 | 16 | 17 | 18 | 19 |
| 20 | 21 | 22 | 23 | 24 | 25 | 26 |
| 27 | 28 | 29 | 30 | | | |

# Septembre

| Lundi 13 | Mardi 14 | Mercredi 15 | Jeudi 16 |
| --- | --- | --- | --- |
| | | | |

# 2021

| Vendredi 17 | Samedi 18 | Dimanche 19 |
|---|---|---|
| | | |

To-Do-list :

- [ ] ____________
- [ ] ____________
- [ ] ____________
- [ ] ____________
- [ ] ____________
- [ ] ____________
- [ ] ____________
- [ ] ____________
- [ ] ____________
- [ ] ____________
- [ ] ____________
- [ ] ____________

Notes :

____________

____________

____________

____________

____________

____________

____________

____________

Septembre

| Lu | Ma | Me | Je | Ve | Sa | Di |
|---|---|---|---|---|---|---|
| | | 1 | 2 | 3 | 4 | 5 |
| 6 | 7 | 8 | 9 | 10 | 11 | 12 |
| 13 | 14 | 15 | 16 | 17 | 18 | 19 |
| 20 | 21 | 22 | 23 | 24 | 25 | 26 |
| 27 | 28 | 29 | 30 | | | |

# Septembre

| Lundi 20 | Mardi 21 | Mercredi 22 | Jeudi 23 |
|---|---|---|---|
| | | | |

# 2021

| Vendredi 24 | Samedi 25 | Dimanche 26 |
| --- | --- | --- |
| | | |

To-Do-list :

- [ ] ____________
- [ ] ____________
- [ ] ____________
- [ ] ____________
- [ ] ____________
- [ ] ____________
- [ ] ____________
- [ ] ____________
- [ ] ____________
- [ ] ____________
- [ ] ____________
- [ ] ____________

Notes :

____________

____________

____________

____________

____________

____________

____________

____________

Septembre

| Lu | Ma | Me | Je | Ve | Sa | Di |
| --- | --- | --- | --- | --- | --- | --- |
| | | 1 | 2 | 3 | 4 | 5 |
| 6 | 7 | 8 | 9 | 10 | 11 | 12 |
| 13 | 14 | 15 | 16 | 17 | 18 | 19 |
| 20 | 21 | 22 | 23 | 24 | 25 | 26 |
| 27 | 28 | 29 | 30 | | | |

# Octobre 2021

| Lu | Ma | Me | Je | Ve | Sa | Di |
|---|---|---|---|---|---|---|
| | | | | 1 | 2 | 3 |
| 4 | 5 | 6 | 7 | 8 | 9 | 10 |
| 11 | 12 | 13 | 14 | 15 | 16 | 17 |
| 18 | 19 | 20 | 21 | 22 | 23 | 24 |
| 25 | 26 | 27 | 28 | 29 | 30 | 31 |
| | | Notes : | | | | |

# Espace Notes

# Octobre

| Lundi 27 | Mardi 28 | Mercredi 29 | Jeudi 30 |
| --- | --- | --- | --- |
| | | | |

# 2021

| Vendredi 1 | Samedi 2 | Dimanche 3 |
|---|---|---|
| | | |

To-Do-list :

- [ ] ____________
- [ ] ____________
- [ ] ____________
- [ ] ____________
- [ ] ____________
- [ ] ____________
- [ ] ____________
- [ ] ____________
- [ ] ____________
- [ ] ____________
- [ ] ____________
- [ ] ____________

Notes :

______________

______________

______________

______________

______________

______________

______________

______________

Septembre

| Lu | Ma | Me | Je | Ve | Sa | Di |
|---|---|---|---|---|---|---|
| | | 1 | 2 | 3 | 4 | 5 |
| 6 | 7 | 8 | 9 | 10 | 11 | 12 |
| 13 | 14 | 15 | 16 | 17 | 18 | 19 |
| 20 | 21 | 22 | 23 | 24 | 25 | 26 |
| 27 | 28 | 29 | 30 | | | |

# Octobre

| Lundi 4 | Mardi 5 | Mercredi 6 | Jeudi 7 |
|---|---|---|---|
| | | | |

# 2021

| Vendredi 8 | Samedi 9 | Dimanche 10 |
|---|---|---|
| | | |

To-Do-list :

- [ ] ____________
- [ ] ____________
- [ ] ____________
- [ ] ____________
- [ ] ____________
- [ ] ____________
- [ ] ____________
- [ ] ____________
- [ ] ____________
- [ ] ____________
- [ ] ____________
- [ ] ____________

Notes :

Octobre

| Lu | Ma | Me | Je | Ve | Sa | Di |
|---|---|---|---|---|---|---|
| | | | | 1 | 2 | 3 |
| 4 | 5 | 6 | 7 | 8 | 9 | 10 |
| 11 | 12 | 13 | 14 | 15 | 16 | 17 |
| 18 | 19 | 20 | 21 | 22 | 23 | 24 |
| 25 | 26 | 27 | 28 | 29 | 30 | 31 |

# Octobre

| Lundi 11 | Mardi 12 | Mercredi 13 | Jeudi 14 |
|---|---|---|---|
| | | | |

# 2021

| Vendredi 15 | Samedi 16 | Dimanche 17 |
|---|---|---|
| | | |

To-Do-list :

- [ ] ____________
- [ ] ____________
- [ ] ____________
- [ ] ____________
- [ ] ____________
- [ ] ____________
- [ ] ____________
- [ ] ____________
- [ ] ____________
- [ ] ____________
- [ ] ____________
- [ ] ____________

Notes :

Octobre

| Lu | Ma | Me | Je | Ve | Sa | Di |
|---|---|---|---|---|---|---|
| | | | | 1 | 2 | 3 |
| 4 | 5 | 6 | 7 | 8 | 9 | 10 |
| 11 | 12 | 13 | 14 | 15 | 16 | 17 |
| 18 | 19 | 20 | 21 | 22 | 23 | 24 |
| 25 | 26 | 27 | 28 | 29 | 30 | 31 |

# Octobre

| Lundi 18 | Mardi 19 | Mercredi 20 | Jeudi 21 |
| --- | --- | --- | --- |
| | | | |

# 2021

| Vendredi 22 | Samedi 23 | Dimanche 24 |
|---|---|---|
| | | |

To-Do-list :

- [ ] 
- [ ] 
- [ ] 
- [ ] 
- [ ] 
- [ ] 
- [ ] 
- [ ] 
- [ ] 
- [ ] 
- [ ] 
- [ ] 

Notes :

Octobre

| Lu | Ma | Me | Je | Ve | Sa | Di |
|---|---|---|---|---|---|---|
| | | | | 1 | 2 | 3 |
| 4 | 5 | 6 | 7 | 8 | 9 | 10 |
| 11 | 12 | 13 | 14 | 15 | 16 | 17 |
| 18 | 19 | 20 | 21 | 22 | 23 | 24 |
| 25 | 26 | 27 | 28 | 29 | 30 | 31 |

# Octobre

| Lundi 25 | Mardi 26 | Mercredi 27 | Jeudi 28 |
| --- | --- | --- | --- |
| | | | |

# 2021

| Vendredi 29 | Samedi 30 | Dimanche 31 |
|---|---|---|
| | | |

To-Do-list :

- [ ] ____________
- [ ] ____________
- [ ] ____________
- [ ] ____________
- [ ] ____________
- [ ] ____________
- [ ] ____________
- [ ] ____________
- [ ] ____________
- [ ] ____________
- [ ] ____________
- [ ] ____________

Notes :

Octobre

| Lu | Ma | Me | Je | Ve | Sa | Di |
|---|---|---|---|---|---|---|
| | | | | 1 | 2 | 3 |
| 4 | 5 | 6 | 7 | 8 | 9 | 10 |
| 11 | 12 | 13 | 14 | 15 | 16 | 17 |
| 18 | 19 | 20 | 21 | 22 | 23 | 24 |
| 25 | 26 | 27 | 28 | 29 | 30 | 31 |

# Novembre 2021

| Lu | Ma | Me | Je | Ve | Sa | Di |
|---|---|---|---|---|---|---|
| 1 | 2 | 3 | 4 | 5 | 6 | 7 |
| 8 | 9 | 10 | 11 | 12 | 13 | 14 |
| 15 | 16 | 17 | 18 | 19 | 20 | 21 |
| 22 | 23 | 24 | 25 | 26 | 27 | 28 |
| 29 | 30 | | | | | |
| | | Notes : | | | | |

# Espace Notes

# Novembre

| Lundi 1 | Mardi 2 | Mercredi 3 | Jeudi 4 |
| --- | --- | --- | --- |
| | | | |

# 2021

| Vendredi 5 | Samedi 6 | Dimanche 7 |
| --- | --- | --- |
| | | |

To-Do-list :

- [ ] ____________
- [ ] ____________
- [ ] ____________
- [ ] ____________
- [ ] ____________
- [ ] ____________
- [ ] ____________
- [ ] ____________
- [ ] ____________
- [ ] ____________
- [ ] ____________
- [ ] ____________

Notes :

Novembre

| Lu | Ma | Me | Je | Ve | Sa | Di |
| --- | --- | --- | --- | --- | --- | --- |
| 1 | 2 | 3 | 4 | 5 | 6 | 7 |
| 8 | 9 | 10 | 11 | 12 | 13 | 14 |
| 15 | 16 | 17 | 18 | 19 | 20 | 21 |
| 22 | 23 | 24 | 25 | 26 | 27 | 28 |
| 29 | 30 | | | | | |

# Novembre

| Lundi 8 | Mardi 9 | Mercredi 10 | Jeudi 11 |
| --- | --- | --- | --- |
| | | | |

# 2021

| Vendredi 12 | Samedi 13 | Dimanche 14 |
|---|---|---|
| | | |

To-Do-list :

- [ ] ____________
- [ ] ____________
- [ ] ____________
- [ ] ____________
- [ ] ____________
- [ ] ____________
- [ ] ____________
- [ ] ____________
- [ ] ____________
- [ ] ____________
- [ ] ____________
- [ ] ____________

Notes :

Novembre

| Lu | Ma | Me | Je | Ve | Sa | Di |
|---|---|---|---|---|---|---|
| 1 | 2 | 3 | 4 | 5 | 6 | 7 |
| 8 | 9 | 10 | 11 | 12 | 13 | 14 |
| 15 | 16 | 17 | 18 | 19 | 20 | 21 |
| 22 | 23 | 24 | 25 | 26 | 27 | 28 |
| 29 | 30 | | | | | |

# Novembre

| Lundi 15 | Mardi 16 | Mercredi 17 | Jeudi 18 |
| --- | --- | --- | --- |
| | | | |

# 2021

| Vendredi 19 | Samedi 20 | Dimanche 21 |
|---|---|---|
| | | |

To-Do-list :

- [ ] 
- [ ] 
- [ ] 
- [ ] 
- [ ] 
- [ ] 
- [ ] 
- [ ] 
- [ ] 
- [ ] 
- [ ] 
- [ ] 

Notes :

Novembre

| Lu | Ma | Me | Je | Ve | Sa | Di |
|---|---|---|---|---|---|---|
| 1 | 2 | 3 | 4 | 5 | 6 | 7 |
| 8 | 9 | 10 | 11 | 12 | 13 | 14 |
| 15 | 16 | 17 | 18 | 19 | 20 | 21 |
| 22 | 23 | 24 | 25 | 26 | 27 | 28 |
| 29 | 30 | | | | | |

# Novembre

| Lundi 22 | Mardi 23 | Mercredi 24 | Jeudi 25 |
|---|---|---|---|
| | | | |

# 2021

| Vendredi 26 | Samedi 27 | Dimanche 28 |
|---|---|---|
| | | |

To-Do-list :

- [ ] ____________
- [ ] ____________
- [ ] ____________
- [ ] ____________
- [ ] ____________
- [ ] ____________
- [ ] ____________
- [ ] ____________
- [ ] ____________
- [ ] ____________
- [ ] ____________
- [ ] ____________

Notes :

Novembre

| Lu | Ma | Me | Je | Ve | Sa | Di |
|---|---|---|---|---|---|---|
| 1 | 2 | 3 | 4 | 5 | 6 | 7 |
| 8 | 9 | 10 | 11 | 12 | 13 | 14 |
| 15 | 16 | 17 | 18 | 19 | 20 | 21 |
| 22 | 23 | 24 | 25 | 26 | 27 | 28 |
| 29 | 30 | | | | | |

# Novembre

| Lundi 29 | Mardi 30 | Mercredi 1 | Jeudi 2 |
|---|---|---|---|
| | | | |

# 2021

| Vendredi 3 | Samedi 4 | Dimanche 5 |
|---|---|---|
| | | |

To-Do-list :

- [ ] ____________
- [ ] ____________
- [ ] ____________
- [ ] ____________
- [ ] ____________
- [ ] ____________
- [ ] ____________
- [ ] ____________
- [ ] ____________
- [ ] ____________
- [ ] ____________
- [ ] ____________

Notes :

____________

____________

____________

____________

____________

____________

____________

____________

Novembre

| Lu | Ma | Me | Je | Ve | Sa | Di |
|---|---|---|---|---|---|---|
| 1 | 2 | 3 | 4 | 5 | 6 | 7 |
| 8 | 9 | 10 | 11 | 12 | 13 | 14 |
| 15 | 16 | 17 | 18 | 19 | 20 | 21 |
| 22 | 23 | 24 | 25 | 26 | 27 | 28 |
| 29 | 30 | | | | | |

# Décembre 2021

| Lu | Ma | Me | Je | Ve | Sa | Di |
|---|---|---|---|---|---|---|
| | | 1 | 2 | 3 | 4 | 5 |
| 6 | 7 | 8 | 9 | 10 | 11 | 12 |
| 13 | 14 | 15 | 16 | 17 | 18 | 19 |
| 20 | 21 | 22 | 23 | 24 | 25 | 26 |
| 27 | 28 | 29 | 30 | 31 | | |
| | | Notes : | | | | |

# Espace Notes

# Décembre

| Lundi 6 | Mardi 7 | Mercredi 8 | Jeudi 9 |
| --- | --- | --- | --- |
| | | | |

# 2021

| Vendredi 10 | Samedi 11 | Dimanche 12 |
|---|---|---|
| | | |

To-Do-list :

- [ ] ____________
- [ ] ____________
- [ ] ____________
- [ ] ____________
- [ ] ____________
- [ ] ____________
- [ ] ____________
- [ ] ____________
- [ ] ____________
- [ ] ____________
- [ ] ____________
- [ ] ____________

Notes :

____________

____________

____________

____________

____________

____________

____________

____________

Décembre

| Lu | Ma | Me | Je | Ve | Sa | Di |
|---|---|---|---|---|---|---|
| | | 1 | 2 | 3 | 4 | 5 |
| 6 | 7 | 8 | 9 | 10 | 11 | 12 |
| 13 | 14 | 15 | 16 | 17 | 18 | 19 |
| 20 | 21 | 22 | 23 | 24 | 25 | 26 |
| 27 | 28 | 29 | 30 | 31 | | |

# Décembre

| Lundi 13 | Mardi 14 | Mercredi 15 | Jeudi 16 |
|---|---|---|---|
| | | | |

# 2021

| Vendredi 17 | Samedi 18 | Dimanche 19 |
|---|---|---|
| | | |

To-Do-list :

- [ ] 
- [ ] 
- [ ] 
- [ ] 
- [ ] 
- [ ] 
- [ ] 
- [ ] 
- [ ] 
- [ ] 
- [ ] 
- [ ] 

Notes :

Décembre

| Lu | Ma | Me | Je | Ve | Sa | Di |
|---|---|---|---|---|---|---|
| | | 1 | 2 | 3 | 4 | 5 |
| 6 | 7 | 8 | 9 | 10 | 11 | 12 |
| 13 | 14 | 15 | 16 | 17 | 18 | 19 |
| 20 | 21 | 22 | 23 | 24 | 25 | 26 |
| 27 | 28 | 29 | 30 | 31 | | |

# Décembre

| Lundi 20 | Mardi 21 | Mercredi 22 | Jeudi 23 |
|---|---|---|---|
| | | | |

# 2021

| Vendredi 24 | Samedi 25 | Dimanche 26 |
|---|---|---|
| | | |

To-Do-list :

- [ ] ____________
- [ ] ____________
- [ ] ____________
- [ ] ____________
- [ ] ____________
- [ ] ____________
- [ ] ____________
- [ ] ____________
- [ ] ____________
- [ ] ____________
- [ ] ____________
- [ ] ____________

Notes :

______________

______________

______________

______________

______________

______________

______________

______________

Décembre

| Lu | Ma | Me | Je | Ve | Sa | Di |
|---|---|---|---|---|---|---|
| | | 1 | 2 | 3 | 4 | 5 |
| 6 | 7 | 8 | 9 | 10 | 11 | 12 |
| 13 | 14 | 15 | 16 | 17 | 18 | 19 |
| 20 | 21 | 22 | 23 | 24 | 25 | 26 |
| 27 | 28 | 29 | 30 | 31 | | |

# Décembre

| Lundi 27 | Mardi 28 | Mercredi 29 | Jeudi 30 |
| --- | --- | --- | --- |
| | | | |

# 2021

| Vendredi 31 | Samedi 1 | Dimanche 2 |
|---|---|---|
| | | |

To-Do-list :

- [ ] ____________
- [ ] ____________
- [ ] ____________
- [ ] ____________
- [ ] ____________
- [ ] ____________
- [ ] ____________
- [ ] ____________
- [ ] ____________
- [ ] ____________
- [ ] ____________
- [ ] ____________

Notes :

Décembre

| Lu | Ma | Me | Je | Ve | Sa | Di |
|---|---|---|---|---|---|---|
| | | 1 | 2 | 3 | 4 | 5 |
| 6 | 7 | 8 | 9 | 10 | 11 | 12 |
| 13 | 14 | 15 | 16 | 17 | 18 | 19 |
| 20 | 21 | 22 | 23 | 24 | 25 | 26 |
| 27 | 28 | 29 | 30 | 31 | | |

# 2022

## Janvier

| Lu | Ma | Me | Je | Ve | Sa | Di |
|---|---|---|---|---|---|---|
| | | | | | 1 | 2 |
| 3 | 4 | 5 | 6 | 7 | 8 | 9 |
| 10 | 11 | 12 | 13 | 14 | 15 | 16 |
| 17 | 18 | 19 | 20 | 21 | 22 | 23 |
| 24 | 25 | 26 | 27 | 28 | 29 | 30 |
| 31 | | | | | | |

## Février

| Lu | Ma | Me | Je | Ve | Sa | Di |
|---|---|---|---|---|---|---|
| | 1 | 2 | 3 | 4 | 5 | 6 |
| 7 | 8 | 9 | 10 | 11 | 12 | 13 |
| 14 | 15 | 16 | 17 | 18 | 19 | 20 |
| 21 | 22 | 23 | 24 | 25 | 26 | 27 |
| 28 | | | | | | |

## Mars

| Lu | Ma | Me | Je | Ve | Sa | Di |
|---|---|---|---|---|---|---|
| | 1 | 2 | 3 | 4 | 5 | 6 |
| 7 | 8 | 9 | 10 | 11 | 12 | 13 |
| 14 | 15 | 16 | 17 | 18 | 19 | 20 |
| 21 | 22 | 23 | 24 | 25 | 26 | 27 |
| 28 | 29 | 30 | 31 | | | |

## Avril

| Lu | Ma | Me | Je | Ve | Sa | Di |
|---|---|---|---|---|---|---|
| | | | | 1 | 2 | 3 |
| 4 | 5 | 6 | 7 | 8 | 9 | 10 |
| 11 | 12 | 13 | 14 | 15 | 16 | 17 |
| 18 | 19 | 20 | 21 | 22 | 23 | 24 |
| 25 | 26 | 27 | 28 | 29 | 30 | |

## Mai

| Lu | Ma | Me | Je | Ve | Sa | Di |
|---|---|---|---|---|---|---|
| | | | | | | 1 |
| 2 | 3 | 4 | 5 | 6 | 7 | 8 |
| 9 | 10 | 11 | 12 | 13 | 14 | 15 |
| 16 | 17 | 18 | 19 | 20 | 21 | 22 |
| 23 | 24 | 25 | 26 | 27 | 28 | 29 |
| 30 | 31 | | | | | |

## Juin

| Lu | Ma | Me | Je | Ve | Sa | Di |
|---|---|---|---|---|---|---|
| | | 1 | 2 | 3 | 4 | 5 |
| 6 | 7 | 8 | 9 | 10 | 11 | 12 |
| 13 | 14 | 15 | 16 | 17 | 18 | 19 |
| 20 | 21 | 22 | 23 | 24 | 25 | 26 |
| 27 | 28 | 29 | 30 | | | |

## Juillet

| Lu | Ma | Me | Je | Ve | Sa | Di |
|---|---|---|---|---|---|---|
| | | | | 1 | 2 | 3 |
| 4 | 5 | 6 | 7 | 8 | 9 | 10 |
| 11 | 12 | 13 | 14 | 15 | 16 | 17 |
| 18 | 19 | 20 | 21 | 22 | 23 | 24 |
| 25 | 26 | 27 | 28 | 29 | 30 | 31 |

## Août

| Lu | Ma | Me | Je | Ve | Sa | Di |
|---|---|---|---|---|---|---|
| 1 | 2 | 3 | 4 | 5 | 6 | 7 |
| 8 | 9 | 10 | 11 | 12 | 13 | 14 |
| 15 | 16 | 17 | 18 | 19 | 20 | 21 |
| 22 | 23 | 24 | 25 | 26 | 27 | 28 |
| 29 | 30 | 31 | | | | |

## Septembre

| Lu | Ma | Me | Je | Ve | Sa | Di |
|---|---|---|---|---|---|---|
| | | | 1 | 2 | 3 | 4 |
| 5 | 6 | 7 | 8 | 9 | 10 | 11 |
| 12 | 13 | 14 | 15 | 16 | 17 | 18 |
| 19 | 20 | 21 | 22 | 23 | 24 | 25 |
| 26 | 27 | 28 | 29 | 30 | | |

## Octobre

| Lu | Ma | Me | Je | Ve | Sa | Di |
|---|---|---|---|---|---|---|
| | | | | | 1 | 2 |
| 3 | 4 | 5 | 6 | 7 | 8 | 9 |
| 10 | 11 | 12 | 13 | 14 | 15 | 16 |
| 17 | 18 | 19 | 20 | 21 | 22 | 23 |
| 24 | 25 | 26 | 27 | 28 | 29 | 30 |
| 31 | | | | | | |

## Novembre

| Lu | Ma | Me | Je | Ve | Sa | Di |
|---|---|---|---|---|---|---|
| | 1 | 2 | 3 | 4 | 5 | 6 |
| 7 | 8 | 9 | 10 | 11 | 12 | 13 |
| 14 | 15 | 16 | 17 | 18 | 19 | 20 |
| 21 | 22 | 23 | 24 | 25 | 26 | 27 |
| 28 | 29 | 30 | | | | |

## Décembre

| Lu | Ma | Me | Je | Ve | Sa | Di |
|---|---|---|---|---|---|---|
| | | | 1 | 2 | 3 | 4 |
| 5 | 6 | 7 | 8 | 9 | 10 | 11 |
| 12 | 13 | 14 | 15 | 16 | 17 | 18 |
| 19 | 20 | 21 | 22 | 23 | 24 | 25 |
| 26 | 27 | 28 | 29 | 30 | 31 | |

# Janvier 2022

| Lu | Ma | Me | Je | Ve | Sa | Di |
|---|---|---|---|---|---|---|
| | | | | | 1 | 2 |
| 3 | 4 | 5 | 6 | 7 | 8 | 9 |
| 10 | 11 | 12 | 13 | 14 | 15 | 16 |
| 17 | 18 | 19 | 20 | 21 | 22 | 23 |
| 24 | 25 | 26 | 27 | 28 | 29 | 30 |
| 31 | | Notes : | | | | |

# Janvier

| Lundi 3 | Mardi 4 | Mercredi 5 | Jeudi 6 |
| --- | --- | --- | --- |
| | | | |

# 2022

| Vendredi 7 | Samedi 8 | Dimanche 9 |
|---|---|---|
| | | |

To-Do-list :

Notes :

Janvier

| Lu | Ma | Me | Je | Ve | Sa | Di |
|---|---|---|---|---|---|---|
| | | | | | 1 | 2 |
| 3 | 4 | 5 | 6 | 7 | 8 | 9 |
| 10 | 11 | 12 | 13 | 14 | 15 | 16 |
| 17 | 18 | 19 | 20 | 21 | 22 | 23 |
| 24 | 25 | 26 | 27 | 28 | 29 | 30 |
| 31 | | | | | | |

# Janvier

| Lundi 10 | Mardi 11 | Mercredi 12 | Jeudi 13 |
| --- | --- | --- | --- |
| | | | |

# 2022

| Vendredi 14 | Samedi 15 | Dimanche 16 |
|---|---|---|
| | | |

To-Do-list :

- ☐ ____________
- ☐ ____________
- ☐ ____________
- ☐ ____________
- ☐ ____________
- ☐ ____________
- ☐ ____________
- ☐ ____________
- ☐ ____________
- ☐ ____________
- ☐ ____________
- ☐ ____________

Notes :

______________

______________

______________

______________

______________

______________

______________

______________

Janvier

| Lu | Ma | Me | Je | Ve | Sa | Di |
|---|---|---|---|---|---|---|
| | | | | | 1 | 2 |
| 3 | 4 | 5 | 6 | 7 | 8 | 9 |
| 10 | 11 | 12 | 13 | 14 | 15 | 16 |
| 17 | 18 | 19 | 20 | 21 | 22 | 23 |
| 24 | 25 | 26 | 27 | 28 | 29 | 30 |
| 31 | | | | | | |

# Janvier

| Lundi 17 | Mardi 18 | Mercredi 19 | Jeudi 20 |
| --- | --- | --- | --- |
| | | | |

# 2022

| Vendredi 21 | Samedi 22 | Dimanche 23 |
|---|---|---|
| | | |

To-Do-list :

- [ ] 
- [ ] 
- [ ] 
- [ ] 
- [ ] 
- [ ] 
- [ ] 
- [ ] 
- [ ] 
- [ ] 
- [ ] 
- [ ] 

Notes :

Janvier

| Lu | Ma | Me | Je | Ve | Sa | Di |
|---|---|---|---|---|---|---|
| | | | | | 1 | 2 |
| 3 | 4 | 5 | 6 | 7 | 8 | 9 |
| 10 | 11 | 12 | 13 | 14 | 15 | 16 |
| 17 | 18 | 19 | 20 | 21 | 22 | 23 |
| 24 | 25 | 26 | 27 | 28 | 29 | 30 |
| 31 | | | | | | |

# Janvier

| Lundi 24 | Mardi 25 | Mercredi 26 | Jeudi 27 |
| --- | --- | --- | --- |
| | | | |

# 2022

| Vendredi 28 | Samedi 29 | Dimanche 30 |
| --- | --- | --- |
| | | |

To-Do-list :

- [ ] ___________
- [ ] ___________
- [ ] ___________
- [ ] ___________
- [ ] ___________
- [ ] ___________
- [ ] ___________
- [ ] ___________
- [ ] ___________
- [ ] ___________
- [ ] ___________
- [ ] ___________

Notes :

___________

___________

___________

___________

___________

___________

___________

___________

Janvier

| Lu | Ma | Me | Je | Ve | Sa | Di |
| --- | --- | --- | --- | --- | --- | --- |
| | | | | | 1 | 2 |
| 3 | 4 | 5 | 6 | 7 | 8 | 9 |
| 10 | 11 | 12 | 13 | 14 | 15 | 16 |
| 17 | 18 | 19 | 20 | 21 | 22 | 23 |
| 24 | 25 | 26 | 27 | 28 | 29 | 30 |
| 31 | | | | | | |

# Février 2022

| Lu | Ma | Me | Je | Ve | Sa | Di |
|---|---|---|---|---|---|---|
| | 1 | 2 | 3 | 4 | 5 | 6 |
| 7 | 8 | 9 | 10 | 11 | 12 | 13 |
| 14 | 15 | 16 | 17 | 18 | 19 | 20 |
| 21 | 22 | 23 | 24 | 25 | 26 | 27 |
| 28 | | | | | | |
| | | Notes : | | | | |

# Espace Notes

# Janvier

| Lundi 31 | Mardi 1 | Mercredi 2 | Jeudi 3 |
|---|---|---|---|
| | | | |

# 2022

| Vendredi 4 | Samedi 5 | Dimanche 6 |
|---|---|---|
| | | |

To-Do-list :

- [ ] ____________
- [ ] ____________
- [ ] ____________
- [ ] ____________
- [ ] ____________
- [ ] ____________
- [ ] ____________
- [ ] ____________
- [ ] ____________
- [ ] ____________
- [ ] ____________
- [ ] ____________

Notes :

____________

____________

____________

____________

____________

____________

____________

____________

Janvier

| Lu | Ma | Me | Je | Ve | Sa | Di |
|---|---|---|---|---|---|---|
| | | | | | 1 | 2 |
| 3 | 4 | 5 | 6 | 7 | 8 | 9 |
| 10 | 11 | 12 | 13 | 14 | 15 | 16 |
| 17 | 18 | 19 | 20 | 21 | 22 | 23 |
| 24 | 25 | 26 | 27 | 28 | 29 | 30 |
| 31 | | | | | | |

# Février

| Lundi 7 | Mardi 8 | Mercredi 9 | Jeudi 10 |
|---|---|---|---|
| | | | |

# 2022

| Vendredi 11 | Samedi 12 | Dimanche 13 |
|---|---|---|
| | | |

To-Do-list :

- [ ] ____________
- [ ] ____________
- [ ] ____________
- [ ] ____________
- [ ] ____________
- [ ] ____________
- [ ] ____________
- [ ] ____________
- [ ] ____________
- [ ] ____________
- [ ] ____________
- [ ] ____________

Notes :

Février

| Lu | Ma | Me | Je | Ve | Sa | Di |
|---|---|---|---|---|---|---|
| | 1 | 2 | 3 | 4 | 5 | 6 |
| 7 | 8 | 9 | 10 | 11 | 12 | 13 |
| 14 | 15 | 16 | 17 | 18 | 19 | 20 |
| 21 | 22 | 23 | 24 | 25 | 26 | 27 |
| 28 | | | | | | |

# Février

| Lundi 14 | Mardi 15 | Mercredi 16 | Jeudi 17 |
| --- | --- | --- | --- |
| | | | |

# 2022

| Vendredi 18 | Samedi 19 | Dimanche 20 |
|---|---|---|
| | | |

To-Do-list :

- [ ] ____________
- [ ] ____________
- [ ] ____________
- [ ] ____________
- [ ] ____________
- [ ] ____________
- [ ] ____________
- [ ] ____________
- [ ] ____________
- [ ] ____________
- [ ] ____________
- [ ] ____________

Notes :

Février

| Lu | Ma | Me | Je | Ve | Sa | Di |
|---|---|---|---|---|---|---|
| | 1 | 2 | 3 | 4 | 5 | 6 |
| 7 | 8 | 9 | 10 | 11 | 12 | 13 |
| 14 | 15 | 16 | 17 | 18 | 19 | 20 |
| 21 | 22 | 23 | 24 | 25 | 26 | 27 |
| 28 | | | | | | |

# Février

| Lundi 21 | Mardi 22 | Mercredi 23 | Jeudi 24 |
| --- | --- | --- | --- |
| | | | |

# 2022

| Vendredi 25 | Samedi 26 | Dimanche 27 |
|---|---|---|
| | | |

To-Do-list :

- [ ] 
- [ ] 
- [ ] 
- [ ] 
- [ ] 
- [ ] 
- [ ] 
- [ ] 
- [ ] 
- [ ] 
- [ ] 
- [ ] 

Notes :

Février

| Lu | Ma | Me | Je | Ve | Sa | Di |
|---|---|---|---|---|---|---|
| | 1 | 2 | 3 | 4 | 5 | 6 |
| 7 | 8 | 9 | 10 | 11 | 12 | 13 |
| 14 | 15 | 16 | 17 | 18 | 19 | 20 |
| 21 | 22 | 23 | 24 | 25 | 26 | 27 |
| 28 | | | | | | |

# Mars 2022

| Lu | Ma | Me | Je | Ve | Sa | Di |
|---|---|---|---|---|---|---|
| | 1 | 2 | 3 | 4 | 5 | 6 |
| 7 | 8 | 9 | 10 | 11 | 12 | 13 |
| 14 | 15 | 16 | 17 | 18 | 19 | 20 |
| 21 | 22 | 23 | 24 | 25 | 26 | 27 |
| 28 | 29 | 30 | 31 | | | |
| | | Notes : | | | | |

# Espace Notes

# Février

| Lundi 28 | Mardi 1 | Mercredi 2 | Jeudi 3 |
| --- | --- | --- | --- |
| | | | |

# 2022

| Vendredi 4 | Samedi 5 | Dimanche 6 |
|---|---|---|
| | | |

To-Do-list :

- [ ] ______
- [ ] ______
- [ ] ______
- [ ] ______
- [ ] ______
- [ ] ______
- [ ] ______
- [ ] ______
- [ ] ______
- [ ] ______
- [ ] ______
- [ ] ______

Notes :

Février

| Lu | Ma | Me | Je | Ve | Sa | Di |
|---|---|---|---|---|---|---|
| | 1 | 2 | 3 | 4 | 5 | 6 |
| 7 | 8 | 9 | 10 | 11 | 12 | 13 |
| 14 | 15 | 16 | 17 | 18 | 19 | 20 |
| 21 | 22 | 23 | 24 | 25 | 26 | 27 |
| 28 | | | | | | |

# Mars

| Lundi 7 | Mardi 8 | Mercredi 9 | Jeudi 10 |
|---|---|---|---|
| | | | |

# 2022

| Vendredi 11 | Samedi 12 | Dimanche 13 |
|---|---|---|
| | | |

To-Do-list :

- [ ] 
- [ ] 
- [ ] 
- [ ] 
- [ ] 
- [ ] 
- [ ] 
- [ ] 
- [ ] 
- [ ] 
- [ ] 
- [ ] 

Notes :

Mars

| Lu | Ma | Me | Je | Ve | Sa | Di |
|---|---|---|---|---|---|---|
| | 1 | 2 | 3 | 4 | 5 | 6 |
| 7 | 8 | 9 | 10 | 11 | 12 | 13 |
| 14 | 15 | 16 | 17 | 18 | 19 | 20 |
| 21 | 22 | 23 | 24 | 25 | 26 | 27 |
| 28 | 29 | 30 | 31 | | | |

# Mars

| Lundi 14 | Mardi 15 | Mercredi 16 | Jeudi 17 |
|---|---|---|---|
| | | | |

# 2022

| Vendredi 18 | Samedi 19 | Dimanche 20 |
|---|---|---|
| | | |

To-Do-list :

- [ ] ____________
- [ ] ____________
- [ ] ____________
- [ ] ____________
- [ ] ____________
- [ ] ____________
- [ ] ____________
- [ ] ____________
- [ ] ____________
- [ ] ____________
- [ ] ____________
- [ ] ____________

Notes :

______________

______________

______________

______________

______________

______________

______________

______________

Mars

| Lu | Ma | Me | Je | Ve | Sa | Di |
|---|---|---|---|---|---|---|
| | 1 | 2 | 3 | 4 | 5 | 6 |
| 7 | 8 | 9 | 10 | 11 | 12 | 13 |
| 14 | 15 | 16 | 17 | 18 | 19 | 20 |
| 21 | 22 | 23 | 24 | 25 | 26 | 27 |
| 28 | 29 | 30 | 31 | | | |

# Mars

| Lundi 21 | Mardi 22 | Mercredi 23 | Jeudi 24 |
| --- | --- | --- | --- |
| | | | |

# 2022

| Vendredi 25 | Samedi 26 | Dimanche 27 |
|---|---|---|
| | | |

To-Do-list :

- [ ] ____________
- [ ] ____________
- [ ] ____________
- [ ] ____________
- [ ] ____________
- [ ] ____________
- [ ] ____________
- [ ] ____________
- [ ] ____________
- [ ] ____________
- [ ] ____________
- [ ] ____________

Notes :

____________

____________

____________

____________

____________

____________

____________

____________

Mars

| Lu | Ma | Me | Je | Ve | Sa | Di |
|---|---|---|---|---|---|---|
| | 1 | 2 | 3 | 4 | 5 | 6 |
| 7 | 8 | 9 | 10 | 11 | 12 | 13 |
| 14 | 15 | 16 | 17 | 18 | 19 | 20 |
| 21 | 22 | 23 | 24 | 25 | 26 | 27 |
| 28 | 29 | 30 | 31 | | | |

# Mars

| Lundi 28 | Mardi 29 | Mercredi 30 | Jeudi 31 |
| --- | --- | --- | --- |
| | | | |

# 2022

| Vendredi 1 | Samedi 2 | Dimanche 3 |
|---|---|---|
| | | |

To-Do-list :

- [ ] 
- [ ] 
- [ ] 
- [ ] 
- [ ] 
- [ ] 
- [ ] 
- [ ] 
- [ ] 
- [ ] 
- [ ] 
- [ ] 

Notes :

Avril

| Lu | Ma | Me | Je | Ve | Sa | Di |
|---|---|---|---|---|---|---|
| | | | | 1 | 2 | 3 |
| 4 | 5 | 6 | 7 | 8 | 9 | 10 |
| 11 | 12 | 13 | 14 | 15 | 16 | 17 |
| 18 | 19 | 20 | 21 | 22 | 23 | 24 |
| 25 | 26 | 27 | 28 | 29 | 30 | |

# Avril 2022

| Lu | Ma | Me | Je | Ve | Sa | Di |
|---|---|---|---|---|---|---|
| | | | | 1 | 2 | 3 |
| 4 | 5 | 6 | 7 | 8 | 9 | 10 |
| 11 | 12 | 13 | 14 | 15 | 16 | 17 |
| 18 | 19 | 20 | 21 | 22 | 23 | 24 |
| 25 | 26 | 27 | 28 | 29 | 30 | |
| | | Notes : | | | | |

# Espace Notes

# Avril

| Lundi 4 | Mardi 5 | Mercredi 6 | Jeudi 7 |
|---|---|---|---|
| | | | |

# 2022

| Vendredi 8 | Samedi 9 | Dimanche 10 |
|---|---|---|
| | | |

To-Do-list :

- [ ] ____________
- [ ] ____________
- [ ] ____________
- [ ] ____________
- [ ] ____________
- [ ] ____________
- [ ] ____________
- [ ] ____________
- [ ] ____________
- [ ] ____________
- [ ] ____________
- [ ] ____________

Notes :

______________

______________

______________

______________

______________

______________

______________

______________

Avril

| Lu | Ma | Me | Je | Ve | Sa | Di |
|---|---|---|---|---|---|---|
| | | | | 1 | 2 | 3 |
| 4 | 5 | 6 | 7 | 8 | 9 | 10 |
| 11 | 12 | 13 | 14 | 15 | 16 | 17 |
| 18 | 19 | 20 | 21 | 22 | 23 | 24 |
| 25 | 26 | 27 | 28 | 29 | 30 | |

# Avril

| Lundi 11 | Mardi 12 | Mercredi 13 | Jeudi 14 |
|---|---|---|---|
| | | | |

# 2022

| Vendredi 15 | Samedi 16 | Dimanche 17 |
|---|---|---|
| | | |

To-Do-list :

- ☐
- ☐
- ☐
- ☐
- ☐
- ☐
- ☐
- ☐
- ☐
- ☐
- ☐
- ☐

Notes :

Avril

| Lu | Ma | Me | Je | Ve | Sa | Di |
|---|---|---|---|---|---|---|
| | | | | 1 | 2 | 3 |
| 4 | 5 | 6 | 7 | 8 | 9 | 10 |
| 11 | 12 | 13 | 14 | 15 | 16 | 17 |
| 18 | 19 | 20 | 21 | 22 | 23 | 24 |
| 25 | 26 | 27 | 28 | 29 | 30 | |

# Avril

| Lundi 18 | Mardi 19 | Mercredi 20 | Jeudi 21 |
| --- | --- | --- | --- |
| | | | |

# 2022

| Vendredi 22 | Samedi 23 | Dimanche 24 |
|---|---|---|
| | | |

To-Do-list :

- [ ] ____________
- [ ] ____________
- [ ] ____________
- [ ] ____________
- [ ] ____________
- [ ] ____________
- [ ] ____________
- [ ] ____________
- [ ] ____________
- [ ] ____________
- [ ] ____________
- [ ] ____________

Notes :

______________

______________

______________

______________

______________

______________

______________

______________

Avril

| Lu | Ma | Me | Je | Ve | Sa | Di |
|---|---|---|---|---|---|---|
| | | | | 1 | 2 | 3 |
| 4 | 5 | 6 | 7 | 8 | 9 | 10 |
| 11 | 12 | 13 | 14 | 15 | 16 | 17 |
| 18 | 19 | 20 | 21 | 22 | 23 | 24 |
| 25 | 26 | 27 | 28 | 29 | 30 | |

# Avril

| Lundi 25 | Mardi 26 | Mercredi 27 | Jeudi 28 |
| --- | --- | --- | --- |
| | | | |

# 2022

| Vendredi 29 | Samedi 30 | Dimanche 1 |
|---|---|---|
| | | |

To-Do-list :

- [ ] ____________
- [ ] ____________
- [ ] ____________
- [ ] ____________
- [ ] ____________
- [ ] ____________
- [ ] ____________
- [ ] ____________
- [ ] ____________
- [ ] ____________
- [ ] ____________
- [ ] ____________

Notes :

Avril

| Lu | Ma | Me | Je | Ve | Sa | Di |
|---|---|---|---|---|---|---|
| | | | | 1 | 2 | 3 |
| 4 | 5 | 6 | 7 | 8 | 9 | 10 |
| 11 | 12 | 13 | 14 | 15 | 16 | 17 |
| 18 | 19 | 20 | 21 | 22 | 23 | 24 |
| 25 | 26 | 27 | 28 | 29 | 30 | |

# Mai 2022

| Lu | Ma | Me | Je | Ve | Sa | Di |
|---|---|---|---|---|---|---|
| | | | | | | 1 |
| 2 | 3 | 4 | 5 | 6 | 7 | 8 |
| 9 | 10 | 11 | 12 | 13 | 14 | 15 |
| 16 | 17 | 18 | 19 | 20 | 21 | 22 |
| 23 | 24 | 25 | 26 | 27 | 28 | 29 |
| 30 | 31 | Notes : | | | | |

# Espace Notes

# Mai

| Lundi 2 | Mardi 3 | Mercredi 4 | Jeudi 5 |
| --- | --- | --- | --- |
| | | | |

# 2022

| Vendredi 6 | Samedi 7 | Dimanche 8 |
|---|---|---|
| | | |

To-Do-list :

- [ ] ____________
- [ ] ____________
- [ ] ____________
- [ ] ____________
- [ ] ____________
- [ ] ____________
- [ ] ____________
- [ ] ____________
- [ ] ____________
- [ ] ____________
- [ ] ____________
- [ ] ____________

Notes :

______________
______________
______________
______________
______________
______________
______________
______________

Mai

| Lu | Ma | Me | Je | Ve | Sa | Di |
|---|---|---|---|---|---|---|
| | | | | | | 1 |
| 2 | 3 | 4 | 5 | 6 | 7 | 8 |
| 9 | 10 | 11 | 12 | 13 | 14 | 15 |
| 16 | 17 | 18 | 19 | 20 | 21 | 22 |
| 23 | 24 | 25 | 26 | 27 | 28 | 29 |
| 30 | 31 | | | | | |

# Mai

| Lundi 9 | Mardi 10 | Mercredi 11 | Jeudi 12 |
| --- | --- | --- | --- |
| | | | |

# 2022

| Vendredi 13 | Samedi 14 | Dimanche 15 |
|---|---|---|
| | | |

To-Do-list :

Notes :

Mai

| Lu | Ma | Me | Je | Ve | Sa | Di |
|---|---|---|---|---|---|---|
| | | | | | | 1 |
| 2 | 3 | 4 | 5 | 6 | 7 | 8 |
| 9 | 10 | 11 | 12 | 13 | 14 | 15 |
| 16 | 17 | 18 | 19 | 20 | 21 | 22 |
| 23 | 24 | 25 | 26 | 27 | 28 | 29 |
| 30 | 31 | | | | | |

# Mai

| Lundi 16 | Mardi 17 | Mercredi 18 | Jeudi 19 |
| --- | --- | --- | --- |
| | | | |

# 2022

| Vendredi 20 | Samedi 21 | Dimanche 22 |
|---|---|---|
| | | |

To-Do-list :

Notes :

Mai

| Lu | Ma | Me | Je | Ve | Sa | Di |
|---|---|---|---|---|---|---|
| | | | | | | 1 |
| 2 | 3 | 4 | 5 | 6 | 7 | 8 |
| 9 | 10 | 11 | 12 | 13 | 14 | 15 |
| 16 | 17 | 18 | 19 | 20 | 21 | 22 |
| 23 | 24 | 25 | 26 | 27 | 28 | 29 |
| 30 | 31 | | | | | |

# Mai

| Lundi 23 | Mardi 24 | Mercredi 25 | Jeudi 26 |
| --- | --- | --- | --- |
| | | | |

# 2022

| Vendredi 27 | Samedi 28 | Dimanche 29 |
|---|---|---|
| | | |

To-Do-list :

- [ ] ____________
- [ ] ____________
- [ ] ____________
- [ ] ____________
- [ ] ____________
- [ ] ____________
- [ ] ____________
- [ ] ____________
- [ ] ____________
- [ ] ____________
- [ ] ____________
- [ ] ____________

Notes :

______________

______________

______________

______________

______________

______________

______________

______________

Mai

| Lu | Ma | Me | Je | Ve | Sa | Di |
|---|---|---|---|---|---|---|
| | | | | | | 1 |
| 2 | 3 | 4 | 5 | 6 | 7 | 8 |
| 9 | 10 | 11 | 12 | 13 | 14 | 15 |
| 16 | 17 | 18 | 19 | 20 | 21 | 22 |
| 23 | 24 | 25 | 26 | 27 | 28 | 29 |
| 30 | 31 | | | | | |

# Juin 2022

| Lu | Ma | Me | Je | Ve | Sa | Di |
|---|---|---|---|---|---|---|
| | | 1 | 2 | 3 | 4 | 5 |
| 6 | 7 | 8 | 9 | 10 | 11 | 12 |
| 13 | 14 | 15 | 16 | 17 | 18 | 19 |
| 20 | 21 | 22 | 23 | 24 | 25 | 26 |
| 27 | 28 | 29 | 30 | | | |
| | | Notes : | | | | |

# Espace Notes

# Mai

| Lundi 30 | Mardi 31 | Mercredi 1 | Jeudi 2 |
|---|---|---|---|
| | | | |

# 2022

| Vendredi 3 | Samedi 4 | Dimanche 5 |
|---|---|---|
| | | |

To-Do-list :

- [ ] ____________
- [ ] ____________
- [ ] ____________
- [ ] ____________
- [ ] ____________
- [ ] ____________
- [ ] ____________
- [ ] ____________
- [ ] ____________
- [ ] ____________
- [ ] ____________
- [ ] ____________

Notes :

____________
____________
____________
____________
____________
____________
____________
____________

Mai

| Lu | Ma | Me | Je | Ve | Sa | Di |
|---|---|---|---|---|---|---|
| | | | | | | 1 |
| 2 | 3 | 4 | 5 | 6 | 7 | 8 |
| 9 | 10 | 11 | 12 | 13 | 14 | 15 |
| 16 | 17 | 18 | 19 | 20 | 21 | 22 |
| 23 | 24 | 25 | 26 | 27 | 28 | 29 |
| 30 | 31 | | | | | |

# Juin

| Lundi 6 | Mardi 7 | Mercredi 8 | Jeudi 9 |
|---|---|---|---|
| | | | |

# 2022

| Vendredi 10 | Samedi 11 | Dimanche 12 |
|---|---|---|
| | | |

To-Do-list :

- [ ] ____________
- [ ] ____________
- [ ] ____________
- [ ] ____________
- [ ] ____________
- [ ] ____________
- [ ] ____________
- [ ] ____________
- [ ] ____________
- [ ] ____________
- [ ] ____________
- [ ] ____________

Notes :

____________
____________
____________
____________
____________
____________
____________
____________

Juin

| Lu | Ma | Me | Je | Ve | Sa | Di |
|---|---|---|---|---|---|---|
| | | 1 | 2 | 3 | 4 | 5 |
| 6 | 7 | 8 | 9 | 10 | 11 | 12 |
| 13 | 14 | 15 | 16 | 17 | 18 | 19 |
| 20 | 21 | 22 | 23 | 24 | 25 | 26 |
| 27 | 28 | 29 | 30 | | | |

# Juin

| Lundi 13 | Mardi 14 | Mercredi 15 | Jeudi 16 |
| --- | --- | --- | --- |
| | | | |

# 2022

| Vendredi 17 | Samedi 18 | Dimanche 19 |
| --- | --- | --- |
| | | |

To-Do-list :

- [ ] ____________
- [ ] ____________
- [ ] ____________
- [ ] ____________
- [ ] ____________
- [ ] ____________
- [ ] ____________
- [ ] ____________
- [ ] ____________
- [ ] ____________
- [ ] ____________
- [ ] ____________

Notes :

Juin

| Lu | Ma | Me | Je | Ve | Sa | Di |
| --- | --- | --- | --- | --- | --- | --- |
| | | 1 | 2 | 3 | 4 | 5 |
| 6 | 7 | 8 | 9 | 10 | 11 | 12 |
| 13 | 14 | 15 | 16 | 17 | 18 | 19 |
| 20 | 21 | 22 | 23 | 24 | 25 | 26 |
| 27 | 28 | 29 | 30 | | | |

# Juin

| Lundi 20 | Mardi 21 | Mercredi 22 | Jeudi 23 |
|---|---|---|---|
| | | | |

# 2022

| Vendredi 24 | Samedi 25 | Dimanche 26 |
| --- | --- | --- |
| | | |

To-Do-list :

- [ ] ____________
- [ ] ____________
- [ ] ____________
- [ ] ____________
- [ ] ____________
- [ ] ____________
- [ ] ____________
- [ ] ____________
- [ ] ____________
- [ ] ____________
- [ ] ____________
- [ ] ____________

Notes :

____________

____________

____________

____________

____________

____________

____________

____________

Juin

| Lu | Ma | Me | Je | Ve | Sa | Di |
| --- | --- | --- | --- | --- | --- | --- |
| | | 1 | 2 | 3 | 4 | 5 |
| 6 | 7 | 8 | 9 | 10 | 11 | 12 |
| 13 | 14 | 15 | 16 | 17 | 18 | 19 |
| 20 | 21 | 22 | 23 | 24 | 25 | 26 |
| 27 | 28 | 29 | 30 | | | |

# Juin

| Lundi 27 | Mardi 28 | Mercredi 29 | Jeudi 30 |
| --- | --- | --- | --- |
| | | | |

# 2022

| Vendredi 1 | Samedi 2 | Dimanche 3 |
| --- | --- | --- |
| | | |

To-Do-list :

- [ ] ____________
- [ ] ____________
- [ ] ____________
- [ ] ____________
- [ ] ____________
- [ ] ____________
- [ ] ____________
- [ ] ____________
- [ ] ____________
- [ ] ____________
- [ ] ____________
- [ ] ____________

Notes :

______________
______________
______________
______________
______________
______________
______________
______________

Juin

| Lu | Ma | Me | Je | Ve | Sa | Di |
| --- | --- | --- | --- | --- | --- | --- |
| | | 1 | 2 | 3 | 4 | 5 |
| 6 | 7 | 8 | 9 | 10 | 11 | 12 |
| 13 | 14 | 15 | 16 | 17 | 18 | 19 |
| 20 | 21 | 22 | 23 | 24 | 25 | 26 |
| 27 | 28 | 29 | 30 | | | |

# Juillet 2022

| Lu | Ma | Me | Je | Ve | Sa | Di |
|---|---|---|---|---|---|---|
| | | | | 1 | 2 | 3 |
| 4 | 5 | 6 | 7 | 8 | 9 | 10 |
| 11 | 12 | 13 | 14 | 15 | 16 | 17 |
| 18 | 19 | 20 | 21 | 22 | 23 | 24 |
| 25 | 26 | 27 | 28 | 29 | 30 | 31 |
| | | Notes : | | | | |

# Espace Notes

# Juillet

| Lundi 4 | Mardi 5 | Mercredi 6 | Jeudi 7 |
| --- | --- | --- | --- |
| | | | |

# 2022

| Vendredi 8 | Samedi 9 | Dimanche 10 |
|---|---|---|
| | | |

To-Do-list :

- [ ] ____________
- [ ] ____________
- [ ] ____________
- [ ] ____________
- [ ] ____________
- [ ] ____________
- [ ] ____________
- [ ] ____________
- [ ] ____________
- [ ] ____________
- [ ] ____________
- [ ] ____________

Notes :

____________

____________

____________

____________

____________

____________

____________

____________

Juillet

| Lu | Ma | Me | Je | Ve | Sa | Di |
|---|---|---|---|---|---|---|
| | | | | 1 | 2 | 3 |
| 4 | 5 | 6 | 7 | 8 | 9 | 10 |
| 11 | 12 | 13 | 14 | 15 | 16 | 17 |
| 18 | 19 | 20 | 21 | 22 | 23 | 24 |
| 25 | 26 | 27 | 28 | 29 | 30 | 31 |

# Juillet

| Lundi 11 | Mardi 12 | Mercredi 13 | Jeudi 14 |
|---|---|---|---|
| | | | |

# 2022

| Vendredi 15 | Samedi 16 | Dimanche 17 |
|---|---|---|
| | | |

To-Do-list :

- ☐ ____________
- ☐ ____________
- ☐ ____________
- ☐ ____________
- ☐ ____________
- ☐ ____________
- ☐ ____________
- ☐ ____________
- ☐ ____________
- ☐ ____________
- ☐ ____________
- ☐ ____________

Notes :

____________

____________

____________

____________

____________

____________

____________

____________

Juillet

| Lu | Ma | Me | Je | Ve | Sa | Di |
|---|---|---|---|---|---|---|
| | | | | 1 | 2 | 3 |
| 4 | 5 | 6 | 7 | 8 | 9 | 10 |
| 11 | 12 | 13 | 14 | 15 | 16 | 17 |
| 18 | 19 | 20 | 21 | 22 | 23 | 24 |
| 25 | 26 | 27 | 28 | 29 | 30 | 31 |

# Juillet

| Lundi 18 | Mardi 19 | Mercredi 20 | Jeudi 21 |
| --- | --- | --- | --- |
| | | | |

# 2022

| Vendredi 22 | Samedi 23 | Dimanche 24 |
|---|---|---|
| | | |

To-Do-list :

- [ ] 
- [ ] 
- [ ] 
- [ ] 
- [ ] 
- [ ] 
- [ ] 
- [ ] 
- [ ] 
- [ ] 
- [ ] 
- [ ] 

Notes :

Juillet

| Lu | Ma | Me | Je | Ve | Sa | Di |
|---|---|---|---|---|---|---|
| | | | | 1 | 2 | 3 |
| 4 | 5 | 6 | 7 | 8 | 9 | 10 |
| 11 | 12 | 13 | 14 | 15 | 16 | 17 |
| 18 | 19 | 20 | 21 | 22 | 23 | 24 |
| 25 | 26 | 27 | 28 | 29 | 30 | 31 |

# Juillet

| Lundi 25 | Mardi 26 | Mercredi 27 | Jeudi 28 |
|---|---|---|---|
| | | | |

# 2022

| Vendredi 29 | Samedi 30 | Dimanche 31 |
| --- | --- | --- |
| | | |

To-Do-list :

- [ ] ____________
- [ ] ____________
- [ ] ____________
- [ ] ____________
- [ ] ____________
- [ ] ____________
- [ ] ____________
- [ ] ____________
- [ ] ____________
- [ ] ____________
- [ ] ____________
- [ ] ____________

Notes :

Juillet

| Lu | Ma | Me | Je | Ve | Sa | Di |
| --- | --- | --- | --- | --- | --- | --- |
| | | | | 1 | 2 | 3 |
| 4 | 5 | 6 | 7 | 8 | 9 | 10 |
| 11 | 12 | 13 | 14 | 15 | 16 | 17 |
| 18 | 19 | 20 | 21 | 22 | 23 | 24 |
| 25 | 26 | 27 | 28 | 29 | 30 | 31 |

# Espace Notes

# Espace Notes

# Espace Notes

# Espace Notes

www.ingramcontent.com/pod-product-compliance
Lightning Source LLC
LaVergne TN
LVHW010609160826
845677LV00013B/3333

* 9 7 9 8 5 0 6 5 9 0 7 5 0 *